子ロバの召命——弱さのための黙想

目次

黙想《もくそう》とは

世の中のすべてのことには本質があります。黙想とはその物事の秘められた本質にたどり着くための行いだと言えるでしょう。ことに自己存在についての理解を深め、神という究極的な存在を知るための行いです。そのために言葉の通りに黙って思い巡らしたり、呼吸を整えて気持ちを落ち着かせたり、目を閉じて意識に集中したり、聖書などの経典を読んで意味を探ったり、世界の変動の中で神の心を求めたり、または散策しながら自然の命に触れたりします。そういった意味で黙想は、名詞でありながら動詞に近い概念だと言えます。黙想の方法は多様で、人それぞれ自分に合うものを見つけて、それをまず自分に適用しながら生活の中で深めることが求められます。それは黙想（英：meditation）と同じ語源から派生した言葉である薬（英：medicine）の作用からも知ることができます。薬が瓶の中ではなく人の体の中でこそ効果を出せるように、何かについて黙想し、それが内面化されることを通して癒し、慰め、悟りなど生きる力が与えられるのです。

子ロバの召命

＊＊＊

ルカによる福音書19章28―38節

イエスはこのように話してから、先に立って進み、エルサレムに上って行かれた。そして、「オリーブ畑」と呼ばれる山のふもとにあるベトファゲとベタニアに近づいたとき、二人の弟子を使いに出そうとして、言われた。「向こうの村へ行きなさい。そこに入ると、まだだれも乗ったことのない子ロバのつないであるのが見つかる。それをほどいて、引いて来なさい。もし、だれかが、『なぜほどくのか』と尋ねたら、『主がお入り用なのです』と言いなさい。」使いに出された者たちが出かけて行くと、言われたとおりであった。ロバの子をほどいていると、その持ち主たちが、「なぜ、子ロバをほどくのか」と言った。二人は、「主がお入り用なのです」と言った。そして、子ロバをイエスのところに引いて来て、その上に自分の服をかけ、イエスをお乗せした。イエスが進んで行かれると、人々は自分の服を道に敷いた。

イエスがオリーブ山の下り坂にさしかかられたとき、弟子の群れはこぞって、自分の見たあらゆる奇跡のことで喜び、声高らかに神を賛美し始めた。

「主の名によって来られる方、
王に、
祝福があるように。
天には平和、
いと高きところには栄光。」

これはキリストのエルサレム入城の様子が描かれているものとして、伝統的に降臨節前主日に読まれる福音書の1つでもあります。教会には教会独自の暦がありますが、新しい教会歴は降臨節（アドベント）を通して始まります。ですので降臨節前主日には最後と最初を繋ぐ橋渡しの意味も含まれています。これは私たちにとっては意義深いことです。なぜかと言いますと、ガラテヤの信徒への手紙の中で聖パウロが語られたように、キリストとともに死にキリストを通して生きる（2：19-20）私たちは、いつも最後と最初の間、言わば死と生、十字架と復活、悲しみと喜び、絶望と希望を包み込みつつ、その間を生きるものでもあるからです。

そういった意味も含めて、この福音書を黙想のために選んだことには理由があります。それは御用のために召されている私たち、また絶えずその識別の過程にある私たちがどのようなものなのか、そのアイデンティティが確認できるヒントをそこから見出すことが出来るからです。福音書によりますと、キリストは救いの御業《みわざ》を完成するためエルサレムに入城される際、とある存在を特別に用いられました。それは弟子たちが「主がお入り用なのです。」（31）という言葉をもって連れてきたロバ、しかも人が乗ったことのない子ロバでした。救いの御業の完成のためにロバが用いられたのは、ただの偶然的な出来事ではなく、キリストの時代からさらに５００年も前の預言者ゼカリヤの預言に基づいています。ゼカリヤ書９章にはこう記されています。

「娘シオンよ、大いに踊れ。娘エルサレムよ、歓呼の声をあげよ。見よ、あなたの王が来る。彼は神に従い、勝利を与えられた者。高ぶることなく、

ロバに乗って来る。雌ロバの子であるロバに乗って。」（9：9）

預言がそうあったとしても、地上での最後の一週間を過ごすようになる王なるキリストが、戦に向かう王や権力者たちのように馬ではなく比較的弱いロバに乗って来られたということは、非常に象徴的な出来事だったと考えられます。キリストは、救いの完成の道においてわざわざロバをお選びになることを通して、世の価値観とは違う逆説的な意味を伝えようとされたのではないかと思うのですが、これからその御心《みこころ》を求めながら、自分自身のことを省察するようにしたいと思います。ロバに因んだいくつからの黙想の材料を挙げさせていただきますので、そのロバに自分のことを照らし合わせてみてください。黙想の時間を通して、自分の信仰や召命に向けられた御心を求めてみてください。

＊＊＊

汚れ

まず1つ目、ロバが用いられたのは、ロバこそ汚れを象徴するからです。ロバは聖書に150回以上言及されています。そのくらい聖書の地域において一般的な動物だったのですが、実際にロバは人々の働きや移動など日常生活に欠かせない家畜としてほとんどの家庭が飼っていました。ロバはユダヤの律法においては汚れた動物として定められ、性格においても生まれつき「うなじのこわい（聖書で時折使われる頑固を表す言葉）」動物、つまり持ち主の話を聞かない頑固な動物として認識されてきました。それゆえ、キリスト教の絵画において偶像崇拝の罪を負っている異教徒のことを象徴するものとして用いられたりすることもありました。

ロバについてのそのような理解は、出エジプト記13章や34章に記されている以下の言葉からも知ることが出来ます。「ロバの初子の場合はすべて、小羊をもって贖わねばならない。もし、贖わない場合は、その首を折らねばならない。」（13：13、34：20）。イスラエルの古くからの教えに準じますと、人間であろうが動物であろうが初子はすべて神様に捧げなくてはなりません。しかしながらロバの場合は、ロバ自体が汚れた動物であるため羊を代わりとして捧げるように命じられたのです。これは、まさしく罪深い私たちのために罪なき神の小羊キリストが贖われた、という救いの御業のことを思い出せるような事柄でもあります。

そして、ロバの初子の代わりに小羊を捧げないならロバの首を折らねばならないという命令からは、ロバの頑固な性格のことをも読み取ることができます。わざわざ首を折れと言及されたことは、ロバのうなじのこわい性格がその背後にあったと考えられます。それゆえ旧約聖書のいくつかのところには、ロバは首が固くて主人が手綱を引こうとしても思い通りの方向に頭を向けない存在の象徴として、ことにしばしば神様の心に背くイスラエル民族のことを示すもの（出エジプト 9:6, 9:13, 10:16, 申命記 31:27）として取り上げられました。

その一方で、うなじのこわい動物、ましてや汚れた動物として認識されていたロバは、逆説的にも神様の使いとして用いることもありました。民数記

（22:36-23:12）に記されているバラムという呪術師が乗っていたロバ、つまり神様の代わりに人の言葉を語ったロバのことを代表的な例として挙げることが出来ます。バラムのロバに関するエピソードは、出エジプトしたイスラエルがついに神様が約束された土地にたどり着いたときの出来事です。当時モアブの王バラクは、段々と迫ってくるイスラエルのことを恐れていました。王のそれで呪術師バラムにイスラエルに呪いを掛けて欲しいと頼みました。王の頼みの通りにバラムはそれを実行しに行くのですが、その途中バラムは乗っていたロバが語った神様の言葉によって、自分が間違った道を歩もうとしていることを悟るようになった、というお話です。

このように、ロバは汚れた動物でありながらも、神様によって用いられることもありました。キリストのエルサレム入城の際に用いられたロバのことも、また神様に召されて今ここにいる私たちのことも、その延長線上で理解し受け止めることが出来ます。私たちは、決して汚れのない存在、清らかな存在、罪のない存在だから神様に召されているのではありません。むしろ汚れているから召されているかもしれませんし、聖なるものだから用いられるのではなく神様によって用いられているからこそ聖なるものになっていくのです。正確にはキリストを乗せたロバのように、救いの完成のためにその聖なる頂点を目指して一歩一歩進んでいく、その途中にあるものだと言えましょう。

そういった意味では、御用のために召されているとしても、私たちには二面性のようなものがあると言えます。まるでギリシャ・ローマ神話に登場する二つの顔を持つヤヌス（Janus）のように、善と悪、天使と悪魔、賢さと愚かさ、寛容と怒り、愛と憎しみなど相反する要素が、矛盾的にも私たちの中には潜んでいるわけです。キリストのエルサレム入城の祭に、人々がホサナと声高らかに歌いながら歓迎しましたけれども、すぐさま同じ口をもってキリストを十字架に掛けろと叫んだ民衆の姿（マルコ 15:6-15 を参照）からも表れる人間の二面性は、神様に召されている私たちにとっても否定できない属性なのです。

だとして、私たちに矛盾的な二面性があることは、決してマイナス要素だけになるのではありません。それは私たちが高慢になることや出しゃばることなく、絶えずキリストに寄りかかりながら従うという、信仰や召命の原点に立ち返るように刺激を与える要素でもあるからです。そして同じく他者についての慈しみや思いやりなど、深みのある人間理解を持つようにと導いてくれる要素でもあるのです。

そういった意味では、自分の中に潜んでいる二面性とどう付き合うのかが私たちが解決しなくてはならない課題としてあると考えられます。『沈黙の世界』という本で有名な哲学者マックス・ピカート（Max Picard, 1888-1963）は「聖なる人生とは、自分の内部にあるいろんな矛盾を和解させ、その矛盾たちが内部に残っていながらも問題を起こさないようにすることである。それは、沈黙の中で生きることを通して可能になる」と語りましたが、その話のように私たちが矛盾として持っている二面性という属性を、どのように治めるのかが大事なポイントになります。彼の場合は、沈黙、つまり神様の言葉だと言える沈黙にとどまること、沈黙の中で神様と交わること、いわば黙想や観想こそがその方法だと語ったのです。

《黙想》

では皆さんの内外の状態は今どのようになっているのでしょうか。体という言葉は肉体のことではなく、肉体と精神と魂が一つに統合されていることを示す言葉なのですが、今私たちひとり一人の体の状態はどのようになっているのでしょうか。体という言葉で表現することもできるそれぞれの自己存在には、どのような二面性や矛盾があるのでしょうか。これからしばらくの間、自分の中にどのような二面性があるのかについて考えてみましょう。決して自分のことを責めたりしないで、二面性があることをありのままに認めながら、むしろ今までそれらのこととどのように付き合ってきているのかについて省みてみましょう。そして、二面性を持っているにもかかわらず、ロバのように汚れたものであるにもかかわらず、今神様によって召されて用いられている、ということについて黙想しましょう。

黙想のために、可能であれば目を閉じてゆっくり呼吸をしながら体の状態を整えたり、静かに散策をしながら五感を活かして周囲のことを感じてみたりすることをお勧めいたします。体を整えることで心も開かれますので、開かれた心で御心を求めてみましょう。

子ロバの召命

未熟さ

2つ目、ロバが用いられたのは、ロバこそ未熟さを象徴するからです。エルサレムに上って行かれたキリストは、二人の弟子を使いに出して「向こうの村へ行きなさい。そこに入ると、まだだれも乗ったことのない子ロバのつないであるのが見つかる。それをほどいて、引いて来なさい。」(30)と言われました。これによりますと、キリストが用いられたロバは、子ロバ、しかもまだだれも乗ったことのない子ロバだったことが分かります。同じ内容を伝えているマタイによる福音書21章によりますと、持ち主のところには親ロバもいましたが(21:7)、あえてキリストはだれも乗ったことのない子ロバを必要とされました。

これには何か特別な御心があったと推察できますが、それを知るためにまず「だれも乗ったことのない」という表現に注目したいと思います。いろいろな解釈の可能性はありますが、先ほど取り上げましたようにロバが生まれつきうなじのこわい動物、汚れた動物として定められていたことに準じますと、子ロバの純潔性や純粋性というのが求められたからだとは思えません。むしろそれよりは、ごく単純にまだ人を乗せたり荷物を運んだりしたことがないという、子ロバの経験の無さ、力の無さ、その未熟さに焦点が置かれていると考えられます。

では、なぜキリストはわざわざ経験も力も無い、未熟な子ロバをお選びになったのでしょうか。ご存じのようにキリストの教えは基本的に逆説的ですが、だれも乗ったことのない子ロバのことも、その究極的な表しだと言えます。例えば先になるためには後にならなくてはならない（マルコ 9:35 参照）、偉くなるためには仕えなくてはならない（マタイ 20:26-27 参照）、得るためには捨てなくてはならない（マルコ 10:28-30 参照）、生きるためには死ななくてはならないなど（マタイ 10:25 参照）、それらのことと同じようにキリストは救いの御業を成就されるために、経験豊富で力のあるロバではなく、まったく未熟な子ロバを用いられたわけです。これは洗礼者ヨハネが「私はその方（つまり、キリスト）の履物のひもを解く値打もない。」（ルカ 3：16）と告白し、「あの方（つまり、キリスト）は栄え、私は衰えねばならない。」（ヨハネ 3：30）と語ったこと同じ文脈で理解できる事柄だと思います。

まるで神様による平和の道具になるために自分を捨てることを徹底したアッシジの聖フランチェスコ（Francesco d'Assisi, 1182-1226）や、神様の手に握られている小さな鉛筆というあだ名で呼ばれたいと願ったマザー・テレサ（Mother Teresa, 1910-1997）のように、キリストを乗せた子ロバは救いの御業の成就のための道具になりました。経験も力も無く未熟な子ロバだったからこそ自分のことを目立たせることをせず、人々の称賛を受けることや人の目に留まることもなく、キリストと一つになって黙々と救いの道を進んだわけです。その道行きには、子ロバのいかなる痕跡も功績もなく、ひとえにキリストの栄光だけがありました。今もキリストにはそのような存在が求められますが、今の私たちはどのようになっているのでしょうか。

実際的な側面から考えてみますと、自分が積んできた経験や知識というものは、どのように使われるのかによって救いのための道具になることも、福音を妨害するものになることもあります。神様のため、教会のために使うと言いながらも、逆に信仰に包装された自分の思いや価値観を貫くために利用され、福音を妨害する道具になることもしばしばあるわけです。自分は神様に遣わされたと言いながらも、実際的には神様を使ってしまう、ということがあるのです。本人が意図しなくてもそのような結果を招いてしまうことは決して珍しいことではありません。それが隠すことの出来ない私たちの在りようなのです。

キリスト者であってもそのような属性が自分の中に潜んでいることを知っていたので、絶えず子ロバのような生き方を求めていた牧師がいました。三浦綾子（1922-1999）の小説『ちいろば先生物語』で広く知られている榎本保郎（1925-1977）牧師のことです。彼は自分のことをちいろば牧師だと言いましたが、ちいろばというのは小さなロバ、つまり子ロバのことを指します。私も、経験も力もない未熟な子ロバにしばしば自分のことを重ね合わせることがありますが、神様によって召されている私たちはだれもがそのような思いで宣教と牧会（説教や礼拝など牧師による信仰を導く行為）に携わり、また準備をしていることと思います。

子ロバの召命

ところが、私たちはだれも乗ったことのない子ロバをお選びになったキリストから、今日の自分自身に対する神様の愛の心にも触れることが出来ます。私はもちろんのこと、私たちみながだれも乗ったことのない子ロバのように、未熟な存在で、経験も、力も、意志も、愛も、信仰も足りないものであるにもかかわらず、キリストによって召されて、多様な形で用いられているからです。キリストは、私たちの力や経験、知識や信仰ではなく、ただ命ある一人の人間であるから、神様を求めている一人の信仰者だから、つまり私は私であり、あなたはあなたであるから、他に何か条件や理由があるのではなく、ただそれだけで私たちを用いてくださるのです。それこそ神様の限りない愛なのです。

ラテン語を学んだ方はご存じだと思いますが、英語で素人や愛好家のことを指すアマチュア（amateur）という言葉は、愛する人という意味のラテン語アマーレ（amare）から由来します。また、プロフェッショナル（professional）という英語は、専門家やプロ選手といった日本語に対応しますが、元々はキリスト教における公言・宣言・告白という意味を持つプロフェッション（profession）に由来します。ところがキリスト者、ことに聖職者として召され、絶えずその識別の過程にいる私たちは、説教や奨励、または証しなどを通して共同体の前で信仰を告白するものとしてプロフェッショナルであり、同時に神様から頂いた限りない愛を心に納め、人々を愛するアマチュアでもある存在です。そういった意味で、私たちは、プロとして愛を伝えまた愛を生きる存在、愛のプロだと言ってもいいかもしれません。

私は神様によって召されている自分が、いつまでもプロフェッショナル的なアマチュア、つまり愛のプロでありたいと願っています。牧会や宣教という複雑な状況や現実的な関係性においてはなかなか思い通りにならないことも多々ありますけれども、自分が執り成している神様と人々を愛し、また愛され、そこから力をいただきながらキリストの福音、またその核心である神様の愛を述べ伝える存在であり続けたいと願うのです。一人の人間としても至らぬ部分が多いけれども、いやむしろ経験も、力も、信仰も、愛も足りない未熟なものであるからこそ、そのように願うわけです。私は、神様の助けをいただきながら、そのように本物のプロフェッショナル的なアマチュア、愛のプロにあり続けたいのですが、皆さんはいかがでしょうか。

《黙想》

これから黙想の時間を設けます。私たちは子ロバのように、未熟な存在で、経験も、力も、意志も、愛も、信仰も足りないものであるにもかかわらず、いやむしろそうであるからこそキリストに召されています。経験豊富で知識や能力があるからではなく、ただ単に神様の限りない愛によって呼ばれているわけです。そして神様の道具になった私たちを通して、神様の愛は世に現れ、実現されるようになるのです。神様の恵みだとしかいいようがありませんが、その恵みを吟味しながらしばらく黙想しましょう。

そのためまず、今現在に至るまでの自分の歩みについてしばらく振り返ってみましょう。家族、友人、職場での関係はどうだったでしょうか。その中、記憶に残っている間違いや失敗など未熟さのゆえに味わった辛い体験のことを思い出してみましょう。そして、そのようなものであるにもかかわらず、今のこの瞬間にまで導いてくださった神様の恵みを味わい、その愛に感謝を捧げましょう。

低さ

3つ目、ロバが用いられたのは、ロバこそ低さを象徴するからです。

ユダヤ教のラビが弟子たちと旅に出ました。ある日、弟子の1人がラビに聞きました。「先生は以前、真理というのは道端の小石のようなものだと、だからどこにでもあるのだとおっしゃいました。それではなぜ人々は、そのように近くにある真理を悟ることは出来ないのでしょうか」。すると先生は「確かに真理は道端の小石のようにどこにでもある。けれども、それは腰を屈めなければ拾い上げることができないものでもある。殆どの人々は腰を屈んで自分のことを低くすることをしないから悟れないのだ」と答えました。

この逸話のように、自分のことを低くするということは、あらゆる宗教や霊性伝統において真理を得るための正道として重んじられています。キリスト教においては謙遜や従順といった言葉で表現することもあり、ことに信仰生活や修行の中で絶えず整えなくてはならない信仰的な姿勢としても求められています。それはキリストご自身が謙遜と従順の模範であるからでもありますが、それについてフィリピの信徒への手紙2章にはこのように証されています。「キリストは、神の身分でありながら、神と等しい者であることに固執しようとは思わず、かえって自分を無にして、僕《しもべ》の身分になり、人間と同じ者になられました。人間の姿で現れ、へりくだって、死に至るまで、それも十字架の死に至るまで従順でした。」(2：6-8)そのようなキリストを通して、私たちは真理と救いへと導かれるわけです。

その延長線上で、キリストがエルサレム入城の際に、ロバをお選びになられたことも読み取ることが出来ます。ロバこそ、キリストの謙遜や従順を表す低さを象徴するものなのです。ところが、ロバによる低さというのは、多くの人が認識している謙遜や従順とは少し違う観点を与えてくれますので、ここではそれに注目したいと思います。

私はロバには乗ったことがありませんが、馬には乗ってみたことがあります。言うまでもなくロバより馬は背丈が高くて、最初馬に乗ったときはその高さに驚きました。下で見たときとは違って、実際に乗ってみたらそこからの目線の高さが思った以上だったので怖くも感じました。そのくらい馬それ自体は威圧感のあるものですが、長い歴史の間、世の王たちは、ことに戦のときには馬に乗りました。馬に乗った王は、高い所から人々を見下ろす征服者、権力者として、人々を力で支配することを象徴的に表しました。

ところが、真の王であるにもかかわらず、救い主キリストはエルサレム入城の際に背丈の低いロバに乗って来られました。しかも子ロバにお乗りになったわけです。では、キリストが子ロバに乗って来られる場面について描いた絵画や映画などを思い出しますとお分かりになると思いますが、子ロバに乗った時のキリストの背丈はどのくらいあったでしょうか。おそらく小さな子ロバに乗ったわけですので、いくらロバに乗ったとしてもキリストの高さは立っている人の背丈と同じくらいだったと考えられます。このような状況から、私たちはロバによる低さがもたらしてくれる少し違う観点、もう1つの低さの意味を探り出すことができます。

エルサレム入城の場面を想像し描いてみますと、背丈の低い子ロバに乗ったため、キリストの目線は回りに立っている人々の目線とちょうど同じくらいになり、互いに目を合わせるような状態だったと思います。背の高い馬に乗って上から見下ろす権力者としての王ではなく、背の低い子ロバに乗って人々と同じ高さで目と目を合わせてくださる救い主としての王なのです。では、自分自身がその場に居てキリストを迎えていると想像してみてください。そしてちょうど自分の目の前を通るキリストが、自分に視線をくださると想像してみてください。一瞬だったとしても自分の目とキリストの目が合うことは何より感動的なことだと思います。そしてそれはただ感動を与えることだけでなく、さらに究極的には自分の姿がキリストの目を通して見えてくる、キリストの目に映される自分が見えてくる、いわばキリストとの一体の状態であることをも示してくれているのです。

これは、中世の偉大なる神秘主義神学者マイスター・エックハルト（Meister Eckhart, 1260?-1328?）が「私が神様を見つめるその目は、神様が私を見つめるその目と同じである」と語られたこと、また近代を代表する霊性家である十字架のヨハネ（Juan de la Cruz, 1542-1591）が『魂の歌』という本の中で、「あなたの美しさの中で、私はあなたの中にいる私のことを見て、あなたは私の中におられるあなたご自身のことを見るようになります」（『魂の歌』36の

5）という言葉をもって神様との一体体験を歌ったことと同じ感覚だと思います。互いの目を通して互いのことが確認できること、これは神様と私たちの関係が、もはや主人と僕ではなく友であり恋人であるということを意味します。そのように、子ロバに乗って来られたキリストは、上から私たちを見下ろすのではなく、私たちと同じ目線に立って私たちの友となり、力ではなく愛によって私たちを守り導いてくださる御方であるということを象徴的に表していると言えます。

このことを、キリストによって選ばれたロバの立場から改めて考えてみますと以下のようなことが言えます。背丈の低いロバはキリストが人々と目を合わせるようにと用いられたことによって、地平の融合と言いましょうか、人々がキリストは自分たちと同じ立場に立って同じことを見ている存在である、つまりキリストは世の中の王とは違って自分たちの友であり愛の王である、という新しい理解と観点をもつように使わされたことになります。ところが、ロバによるこのような働きについての理解は、実はロバの名前に込められている本来の意味からも得ることが出来ます。

子ロバの召命

ヘブライ語で子ロバのことをアイル（עיר）と言いますが、それから派生する動詞には、人の目を遮って盲目にする（アーヴァル עור）という意味の言葉も、反対に目を覚ます（ウール עור）という意味の言葉もあります。つまり、子ロバという言葉には人を盲目にし、同時に目を覚まさせるという真逆の意味があるわけです。英語でロバのことを言うドンキー（donkey）という言葉には、何かについての理解が乏しい愚かさやバカ者という別の意味もありますが、おそらくそれは人を盲目にするという言葉から由来したのではないかと推測します。ところが、キリストによって用いられた子ロバの場合は、それとは真反対に、人々の目を覚まさせて新しい観点を与えるものとして素晴らしく使わされたと言えます。キリストがエルサレムに入城される際に、背丈の低い子ロバに乗ってこられる愛のキリストと目と目を合わせることを通して、盲目だった人々の魂の目が開かれるようになり、子ロバはそのために用いられたわけです。

《黙想》

ここでまたしばらく黙想するひと時を設けたいと思います。では、神様によって召されている私たちの低さは、今どのようになっているのでしょうか。キリスト者になった以上、人々に見せるための上辺だけの低さはないと思います。だとしてその低さは自己満足ではなく、本当にキリストとキリストを求めている人々のためのものになっているのでしょうか。先ほども取り上げました中世の偉大なる霊的な師マイスター・エックハルトは「あなたの人生の中一番大切な瞬間は今現在であり、一番大切な人はまさに今、あなたと向き合っている人である。またあなたの人生の中一番大切な行いは、目の前にいるその人を愛することである」という言葉を残しましたが、私たちは瞬間ごとに、目の前にいる人とどのように付き合っているのでしょうか。その人の目の中から自分自身のこと、またキリストのことを見出しているのでしょうか。

目を閉じて、まず浮かんでくる人のことについて黙想しましょう。

その人に仕えているのか、愛しているのか、その人から神様のことを見出しているのか。もしそれができないのであれば、その原因はなんなのかについて考え、またそれについての神様の旨を求めてみましょう。その後、家族、友人、同僚など近しい人々からひとりひとり取り上げて同じく黙想してみましょう。最後に、愛に溢れる目で自分のことを温かく見つめてくださるキリストのことを想像してみましょう。

鈍さ

４つ目、ロバが用いられたのは、ロバこそ鈍さを象徴するからです。

勝ち組や負け組などの言葉が日常生活の中でも使われている今の競争社会において、速さは何より大事な徳目であり、鈍さは克服しなくてはならない弱点として認識されています。能力や機能が重視されて結果を出すことが宗教の世界においても求められている状況の中、人々は自分のことを省察する余裕も、他者と共感する気持ちもなく、ましてや神様と交わることをあえて回避しながら、前だけに向いて走ります。しかし私たちは、キリストがエルサレムに入城される祭に子ロバにお乗りになられたことから、速さが価値の基準になっている今の社会に向けられたメッセージを読み取ることが出来ます。

真の王としてエルサレムに入城される際に、キリストがお選びになったロバは、決して足の速い動物ではありません。本気を出せばある程度（およそ時速50キロ）は速度が出せるようですが、馬に比較しますとその鈍さはさらに目立ちます。先ほども申しましたが当時の世の王は、ことに戦の時には足の速い馬に乗りました。しかも王が乗る馬というのは見た目の綺麗さだけでなく、国の中でも足の一番速くて優れた馬だったと思います。ところが、そのような王に従って付いていくためには、自分もまた足の速い馬に乗らなければなりません。当然ながら馬に乗った王に付いていくためには、それなりの力をもった人でなければならないということになるわけです。

しかし、キリストは足の遅いロバに乗って来られました。しかも子ロバに乗ったわけなので、鈍さはさらに増します。では、ロバのその鈍さにはどのような意味があるのでしょうか。馬に乗った世の王たちのことと比較しますと、キリストは当時の権力者たちとは違って、歩みの遅い者、例えば子ども、女性、老人、障害者など、力が弱くて疎外されがちの人々と歩みを合わせてくださる真の王である、ということを象徴的に示していることとして読み取れます。またそれだけではなく、キリストはだれも乗ったことのない未熟な子ロバに乗ったわけですので、神様に召されているものの、いつになっても愚かで迷いやすい今日の私たちの未熟な歩みに対しても、いつも付き合ってくださる慈しみ深いお方である、ということをも表しているのではないかと考えられます。

さらにキリストは、子ロバに乗って人々と目を合わせながらゆっくりと進む自らの姿を通して、以下のようなことを語られているとも思えます。それは、自分の価値観、知識、計画、自己判断といった馬に乗って走ることだけに夢中になっている人たち、それゆえ周りのことがあまり見えなくなり、人々との関係や自分の魂のことを疎かにしている人たち、または神様のことを忘れたりすることもある私たちに向けて、これからはもっと自分の内面を見つめながら、人々と共感しながら、周りのことを感じながら、そして聖霊の風にそよぎながら生きていいのだ、ということを子ロバに乗ったご自身の姿を通して教えているのではないか、とのことです。

非暴力的コミュニケーション（NonViolent Communication; NVC）という平和で共感的コミュニケーション術を開発したアメリカの心理学者マーシャル・ローゼンバーグ（Marshall Rosenberg）によりますと、私たちの中にはコミュニケーションを司る二匹の動物が存在するそうです。もちろん象徴的な表現ですが、1匹は心を中心にコミュニケーションをするキリンで、もう1匹は頭を中心にコミュニケーションをするジャッカルです。

キリンは首が長いため陸上動物の中で一番大きい心臓を持っていますが、彼らは声を出さなくても心で共感することだけで仲間とのコミュニケーションが取れるとも言われています。そういうことから、キリンは相手の心の声に耳を傾けながら相手の内面の感情を理解しようとするコミュニケーションのことを象徴します。その反面、動物の赤ちゃんを狩ったり、夜中に動物の死体や食べ残しをあさったりしながら生きているとされるジャッカルは、絶えず周囲を警戒し鋭い牙で自分を守ります。厳しい生存競争の中で生き残るために集団で相手を先に攻撃することもあるジャッカルは、自分が設けた基準に沿って相手のことを分析したり判断したりすること、また論理的に攻めたりするコミュニケーションのことを象徴します。

人はだれもが程度の差があるだけで、両者の要素を必ず持っています。コミュニケーションなど、他者と交わることにおいて大事なことは、まず自分の中にジャッカル的な部分があることを認め、絶えず自分のことを省みることです。そしてもっと大事なことは、自分が持っているキリン的な部分、つまり心から他者と共感し、回りのことを感じ取る能力を更に養うために努めることです。そのためにも、私たちはキリストを乗せた子ロバになって、キリストと共に聖霊の風にそよぎながらゆっくりと進むことが求められると思います。キリストより早くなることも遅くなることもなく、背中に乗せたキリストのことを感じながらキリストと共に歩むことが求められます。

ネイティブ・アメリカンにはこのような話が伝承されています。ネイティブ・アメリカンはよく馬に乗りました。馬に乗って平原を走る彼らは、ある程度の距離を移動した後には必ず馬を止めます。そして駆けてきた道を振り返り、しばらくその場に止まります。それは、自分たちの魂が後から追って来ることを待つためだそうです。馬の走りがあまりにも早いため魂はまだそこまで着いて来られなかったということで、その魂を待つのです。彼らにとって失踪とは他ならぬ魂を置き去りにして肉体だけが走ることを意味します。

キリスト教においては、魂が失踪してしまうことがないように事前に備えておく伝統が古くから守られてきましたが、それをリトリート（Retreat）という言葉で表現します。残念なことに今は教会より美容やヨガなどの健康プログラム、またホテル業界が主に使っているのですが、元々リトリートとは避難や退くという言葉の意味の通りに生活や仕事の場から一旦離れて1人、正確には神様と2人きりのときを過ごすということです。するとその過程の中、自分の生き方、人間関係、信仰などについて振り返り、心と魂の状態のことをも省察するようになり、さらに回復・再治療としてリトリートメント(Retreatment)が恵みとして与えられるようになります。

《黙想》

目を閉じて、ゆっくり呼吸を整えてください。できるだけ背筋をまっすぐにすると呼吸が円滑にできます。そして、周囲から聞こえてくる音や声に耳を澄ましてください。遠い所から近いところまで、大きなものから小さなものまで、いろいろな音や声が聞こえてくると思います。それらの音や声について考えたり意味を求めたりせずに、ただ聴くようにしてください。考えてしまいますと、思いが自分を過去や未来へと運んでいくので、今現在を生きることができなくなります。ですので、ただ聴くだけに集中してください。

しばらく聴くことを通しての準備黙想をした後、もしかして自分の魂は失踪しているのではないか省察してみましょう。例えば自分が設定している目標の達成や結果を出すために焦っていることはないのか、また日常の中での思い煩うことやだれかを世話するために心の余裕がなくなっているのではないか、そのために自分の内面を見つめながら存在の中心におられる神様と交わることも、聖霊の風にそよぎながら周りのことを感じることも、人々と共感することも出来ず、自分の魂のことを疎かにしているのではないのか省みてみましょう。もしそうであれば、何をどうすればいいのか御心を求めてみましょう。

***

キリスト教の真理は、「そうであるから」というよりは、基本的には「そうであるにもかかわらず」とか、「そうではないけれども」という逆説的な文法に基づいています。今まで召命黙想のために取り上げました、ロバに象徴される4つの要素、つまり汚れ、未熟さ、低さ、鈍さというのも同じ脈絡にあると言えます。それらは弱さという言葉で大別されるものとして世の価値観では決して歓迎されない部分ですが、にもかかわらずキリストはそういった象徴的な属性を持っている子ロバを用いられました。そして、同じく今日の私たちも神様によって召され、御用のために用いられることを識別しつつ準備しているわけです。

これは恵みだとしか言いようがないことですが、まさに世の闇を身ごもって真の光イエス・キリストを産んだマリアを通しても実現された、いわゆる闇の神秘や罪の神秘による恵みだと言えましょう。聖書には、創世記からヨハネの黙示録まで闇の神秘・罪の神秘がその核心として貫かれていると言っても過言ではありません。使徒聖パウロがローマの信徒への手紙の中で「罪が増したところには、恵みはなおいっそう満ちあふれる」（21：20）と語ったこともその延長線上で理解することが出来ます。そういった意味で私たちに問われるのは、自分の中に汚れ、未熟さ、低さ、鈍さなどの闇の要素がどのような形をしているのかを探し出すこと、そしてそれらのことも御恵《みめぐ》みを表す道具になれるという信仰的な理解の元、それらを子ロバのようにキリストのために活かすということだと思います。

そのような理解を踏まえて、今からは弱さとも言える汚れ、未熟さ、低さ、鈍さという象徴的な属性を持っていたにもかかわらずキリストによって召された子ロバが、どのように御用のために用いられたのかについて考え、それらのことに自分のことを照らしながら黙想するひと時を持ちたいと思います。そのために3つのことを挙げさせていただきたいと思いますが、1つは平和のことで、もう1つは日常生活のことです。そして両者の統合の道について述べます。　聖書の地域においてロバは平和と日常生活を象徴する動物でもあります。前にも話しましたように、比較として馬が戦争を象徴し、権力や財力を表すときに用いられたとしますと、ロバは平和なときの営みを象徴し日常生活のために用いられました。旧約の士師記（5：10）や列王記上（1：33）からも見られますように、戦争のときに馬に乗った王も平和のときにはロバに乗るのが慣例でもありました。そしてロバは日常生活や労働のためには欠かせない大事な家畜だったのです。汚れ、未熟さ、低さ、鈍さがロバの本来持っている限界や属性などを象徴的に表しているとしますと、平和と日常はキリストによって用いられたロバのアイデンティティを表しているとも言えます。つまり、ロバは平和の実現と日常生活を通して存在意義を確認していたわけですが、これは御用のために召されているすべてのキリスト者に大きな示唆を与えてくれます。それでは1つずつ見てみたいと思います。

＊＊＊

平和

5つ目、キリストによって召されたロバは、平和のために用いられました。冒頭でキリストが子ロバに乗って来られることが預言されたゼカリヤ書の言葉を取り上げました（6－7頁）が、その続きの言葉には、キリストはなぜ来られるようになるのか、その目的が明確に記されています。「見よ、あなたの王が来る。（…）ロバに乗って来る。雌ロバの子であるロバに乗って。わたしはエフライムから戦車を、エルサレムから軍馬を絶つ。戦いの弓は絶たれ、諸国の民に平和が告げられる。彼の支配は海から海へ、大河から地の果てにまで及ぶ。」（9：9-10）これによりますと真の王であるキリストが子ロバに乗って来られた理由は、諸国の民に平和が告げ、全地に救いとも言える真の平和を実現するためです。

キリストの平和のために子ロバはキリストから召され用いられました。まるでアッシジの聖フランシスコが「主よ、私をあなたの平和の道具にしてください」と祈ったように、子ロバは徹底してキリストの平和のための道具になったのです。今日の子ロバとして召されている私たちにも、自分が考えている平和ではなく、ひとえにキリストの平和を実現することが求められます。必ずしも自分が求めている平和とキリストの平和が一致しているとは限りません。それゆえ、私たちは平和のために自分が用いられ、また教会が平和を実現していくためにも、キリストの平和とは何かについて正しい理解を持つ必要があります。

聖書に記されている平和は、ヘブライ語ではシャーローム（Shalom שָׁלוֹם）、ギリシャ語ではエイレーネ（Eirene εἰρήνη）という言葉で表現されます。これらの言葉はいくつかの意味を持っていますが、主に社会的には戦争や飢饉などのない経済的にも安定された状況のことを示し、個人においては心配や不安、病や苦痛などのない全人的な平安の状態のことを意味します。また神学的な側面においては、神様との関係を始めとして隣人や非造物との関係の回復、つまり創造の回復と救いの成就こそが実現すべき平和の本来の意味です。

そのような側面から考えてみますと、シャーロームやエイレーネで表現されるキリスト教の平和とは、決して個人の内面的なことだけでも、社会的な状況のことだけでもなく、また一時的なことでもないということが分かります。聖書が教えているキリストの平和とは、統合的で恒久的なものとして、他の言葉では救い、また神の国の実現というふうに表現することができる概念です。キリストは、まさにその平和をもたらすためにこの世に来られ、3年間のご生涯を過ごされ、最終的には自らの体をもって平和を実現し救いを成就するために、子ロバを用いられてエルサレムに入城されたわけです。

聖書には平和が実現された理想郷のことが幾つか記されていますが、その中でも創世記にあるエデンの園は究極的なものだと言えます。創世記に記されているエデンの園の状況を一度想像してみてください。エデンの園とは神様と共に生きるところのことです。それゆえ、過ぎ去った過去についての後悔も、まだ来ていない未来についての不安もなく、永遠なる命である神様と共に今現在だけが生きられます。また自分と他者を分けることや人間と自然が対立することがないので、武器はもちろんのこと自分を保護するための服さえも必要とされません。そのように救いと神の国の原型であるエデンの園は、神様と共に生きることを通して得られる真の平和とは何かについて示してくれます。そのようなエデンの園から追い出された後、人間は絶えず平和の理想的な具現体であるエデンの園の回復を求めてきました。そのため、早い段階から教会が生まれ、歴史上様々な共同体運動があったのです。

それではエデンの園の最も具体的な試みだと言えます教会の一人として生きている私たちが、平和のために用いられることは、そもそもどのようなことでしょうか。平和の実現のために私たちに求められていることは何だと思いますでしょうか。それについてのヒントを、子ロバに乗ってエルサレムに入城されたキリストが何よりまず実行なさったことから得ることが出来ますが、それは何だったのか覚えていますでしょうか。なんとそれは宮清め（ルカ19:45-48）だったのです。エルサレムに入城されて十字架にかけられるまで、キリストはかなり多忙な日々を過ごされ、弟子たちだけではなく群衆にもいろいろなことを教えられましたが、何より最初になさったことは神殿を浄化することだったわけです。それはキリストの平和を実現し、救いの具現体となることを存在の目的としている今日の教会に大きなことを示唆していると考えられます。

私は、キリストによる宮清めの出来事を読むたびに、アッシジの聖フランシスコがサン・ダミアーノ（San Damiano）の小さな教会で、十字架上のキリストから「私の教会を建て直しなさい」という御声を聞いて回心したという逸話のことを思い出します。つまり、神様の家としての本質を失ってしまった神殿を浄化し、自らの体をもって3日で神殿を建て直す（ヨハネ2：19-22）と語られたキリストは、今の時代の私たちには、平和を実現し救いを成就するために「私の教会を建て直しなさい」と語られているかのように聞こえてくるわけです。それは、世の救い・世の平和のためにも、何よりまず平和の具現体であるキリストの教会を建て直さなくてはならない、ということを意味します。崩れかけている状態の教会が世の平和のために働くということは、話にならないありえないことで、それ自体が矛盾過ぎることなのです。

ここで言う教会を建て直すというのは象徴的な表現ではありますが、実質的な面においてキリストの平和を実現していくことは家造りの過程に例えられます。恐らくだれもが少なくても一度は家の絵を描いたことがあると思います。それは間取り図のような本格的な設計図ではなくて、子どものとき、夏休みの宿題などで描いた絵の中に、川や太陽また人や車などと一緒に登場する家のことです。そのとき、家をどのように書いたのか憶えているでしょうか。特に家を書くときの順番について思い出してみてください。家を上から下、つまり屋根から柱、そして土台の順に書いたのか、もしくは反対に下の土台から柱、そして最後に屋根の順に書いたのか思い出してみてください。もし思い出せないのなら、今、自分の手に指で書いてみてください。さあ、どうでしょうか。私もそうなのですが、おそらくほとんどの人は上の屋根から書きはじめると思いますが、下から書く人はいますでしょうか。

韓国で多くの人から尊敬されていた思想家で、シンヨンボク（申栄福、1941-2016）という人がいました。聖公会大学の教授だった彼は、若い頃に政治的なことで捕まって監獄で20年間も身柄が拘束される辛い経験をした人でもあります。でも彼は、自分にとって監獄はいろんなことが学べた大学のようなところだったと言いました。その学びの１つは、今私たちが思い出してみた家の絵を書く手順にちなんだことです。彼は監獄の中で長年大工として働いたある年寄りに出会いました。ある日、話し合いの中でそのお爺さんが地べたに家の絵を書いているのをみて、彼はものすごく驚きました。家を書く順番が自分とは完全に違ったからです。多くの人は上から書きますが、そのお爺さんは家を建てる順番に沿って、つまり土台から柱、屋根の順に書いたのです。それこそ働き人の長年の経験から出てくる手順だったわけで、頭だけで考えている人とは違ったのです。

世の中、屋根から建てられる家はありません。いくら小さな家だとしても土台から建てなくてはなりません。平和を実現することも土台からです。平和、それが他ならぬ神の国、エデンの園の回復のためのキリストの平和を実現することであれば、キリストという土台から整えていかなくてはなりません。全地に平和をもたらすためにエルサレムに入城されて、何より先に神の家ではなくなってしまった神殿を浄化され、自らのことを石に例えては「家を建てる者の捨てた石、これが隅の親石となった。」（マタイ 21：42）と語られたキリストを土台とするということが求められるわけです。そのように「生ける石」（一ペトロ 2：3－5）であるキリストを土台として、その上に聖書という柱、礼拝という部屋、祈りという屋根、宣教という庭などを備えながら、平和を実現するためにキリストの家として教会は作られるのです。

ではいかがでしょうか。エデンの園の具現体として平和の実現のために存在する私たちという教会は、今どのようになっているのでしょうか。聖書、礼拝、祈り、宣教という部分はさておいて、何より根本的なものであるキリストという土台、福音という土台の状態は大丈夫なのでしょうか。キリストが、今一度今日の子ロバである私たちの背中を借りて来られることになったとしますと、まずキリストは平和を実現するために何を語られ、何をなさると思いますでしょうか。もしかしますと、宮清めのときと同じように「『わたしの家は、祈りの家でなければならない。』ところが、あなたたちはそれを強盗の巣にした。」(ルカ 19:46)と激怒されるのではないでしょうか。そして、神の家であるべき「私の教会を建て直しなさい」という使命を改めて与えてくださるのではないでしょうか。

私たちが今日の子ロバとして召され、キリストの平和を実現する道具として用いられることは、何よりまずキリストの教会を建て直すことであり、そのために土台を他ならぬキリストにするということなのです。場合によっては、今の教会の多くが霊的な側面で空き家のような状態になってしまっているため、キリストと福音を土台にするためには更地にすることが求められることもあるかもしれません。そして、そのようなことを、今日の子ロバである私たちは、人の言葉を語った呪術師バラムのロバ（民数記22:36-23:12）ように、教会そのものに告げなくてはならないこともあると思います。そのような働きを担う存在のことを古くから教会は預言者という名前で呼んできましたが、平和を実現するためにはまさに預言者にならなくてはなりません。

しかしながら預言者になるということは、キリストと同じように命をかけることです。キリストが、当時の律法学者たちとファリサイ派の人々に対して「あなたたち偽善者は不幸だ。白く塗った墓に似ているからだ。外側は美しく見えるが、内側は死者の骨やあらゆる汚れで満ちている。」（マタイ23：27）と語られながら宗教権力と戦い続けた結果、自らの命を落とされたように、預言者として生きることは決して理想的な思想を語り合うだけのことではありません。それは平和を実現するもの（マタイ5：9）として生きることであるために、まるで「白く塗った墓」のようになってしまった今の教会に対して、外に向けてだけではなくむしろ教会の中に向けてキリストの福音を延べ伝え、教会の中で平和を実践していかなくてはならない戦いなのです。

かつて現代の預言者の1人だと評されたブラジルのローマカトリック教会の大司教で神学者のドン・エウデル・カマラ（Hélder Pessoa Câmara, 1909-1999）は、貧し人々のための働きや平和運動をしたということで、教会の内外からかなり強い批判を受けました。彼の次の言葉からそれを読み取ることが出来ます。「貧しい者に食物を与えると、人は私を聖者と呼ぶ。しかし、なぜ彼らは貧しいのかということを尋ねると、人は私を共産主義者だと呼ぶ」ご存じのように平和について語ることが抽象的で上品であればあるほどより安全です。そのとき、人々はその話に肯定し同意します。しかし、平和を実現することはいつも危険が伴う挑戦なのです。それは根本的なことに触れることになるからですが、今日の子ロバとして召されているキリスト者には、平和を実現するものとして預言者の役割が与えられているのです。

《黙想》

これから黙想するひと時を過ごしたいと思います。まず、目を閉じて、背筋をまっすぐにして、ゆっくり呼吸を整えましょう。そして、今自分が属している共同体（家庭、職場、学校、活動グループ、教会など）の状態について考えてみましょう。そこには平和とも言える人間らしい生き方が保証されていて、互いに違いを認め、尊重し合っているのか。もしその共同体が教会であれば、そこにはキリストの平和があるのか。もしそうだと言えない状態であれば、少なくてもそれを具現するために努めているのかなどのことについて考えながら黙想しましょう。

その後、引き続き神様に呼ばれて共同体（家庭、職場、学校、活動グループ、教会など）の一人となっている自分のことについて黙想しましょう。そのために聖書の御言葉《みことば》を2つ提示します。1つは山上の説教の一部分で、もう1つは預言者エレミヤが神様から召命をいただく場面の一部分です。2つの御言葉を読み、それを自分に与えられている召命を識別するための材料にしてください。そして最後に、共同体の平和を実現する者、預言者として召されている者として、神様の助けと導きを求めましょう。

まずエレミヤ書1章9から10節です。「主は手を伸ばして、わたしの口に触れ、主はわたしに言われた。見よ、わたしはあなたの口にわたしの言葉を授ける。見よ、今日、あなたに諸国民、諸王国に対する権威をゆだねる。抜き、壊し、滅ぼし、破壊し、あるいは建て、植えるために。」

引き続きマタイ福音書5章9から11節です。「平和を実現する人々は、幸いである、その人たちは神の子と呼ばれる。義のために迫害される人々は、幸いである、天の国はその人たちのものである。わたしのためにののしられ、迫害され、身に覚えのないことであらゆる悪口を浴びせられるとき、あなたがたは幸いである。喜びなさい。大いに喜びなさい。天には大きな報いがある。あなたがたより前の預言者たちも、同じように迫害されたのである。」

日常

６つ目、キリストによって召されたロバは、日常のために用いられました。前述しましたように、聖書が書かれた時代・地域においてロバは日常生活のためには欠かせない存在でした。馬より体は小さいけれども頭がよくて腰が強いので古くから荷物を運んだり（創世記22：3）、畑を耕したり（イザヤ30：24）するなどの作業をしました。また足先が小さくて歩きが安定しているのでパレスチナのでこぼこな地形での移動や労働のために適した家畜だったのです。それゆえ、ほとんどの家が所有していたロバは大切な財産でもあったので、旧約聖書のいくつかのところにはロバの安全を保つこと（出エジプト21：33）ということまでもが（出エジプト23：4,5,12）や取り扱いに注意を促す記されています。

ところで、キリストに召された子ロバはキリストのエルサレム入城の後、どうなったでしょうか。それが気になって黙想の中で思いを深めた方もいらっしゃるかもしれませんが、どのように思いますでしょうか。同じ内容を伝えているマルコによる福音書には、「主がお入り用なのです。すぐここにお返しになります。」（11：3）という言葉が記されていますので、恐らく子ロバはエルサレム入城の後、持ち主のところに返されたと思われます。では元の日常に戻った後の子ロバの有様はどのようになったでしょうか。一度想像してみてください。子ロバの有様は前と同じだったでしょうか、それとも何か変化でもあったでしょうか。

子ロバの立場からエルサレム入城の様子を想像してみますと、子ロバは、見たこともない人数の群衆が道沿いに並んで棕櫚《しゅろ》の枝を振りかざし、またホサナという歓迎の声が飛び交う状況の中、弟子の服が敷かれた背中にキリストを載せました。そしていろいろな形や色の服がまるで絨毯のように敷かれた道の上を歩きながら前に進みました。もしかしたら子ロバは想像したこともないことを経験した挙句、キリストだけではなく自分も歓迎されている、自分のために人々が服を敷いたり、喜びの声をあげたりしていると思ったかもしれません。それで聖人に並んだ聖ロバになったかのように自惚れてしまい、元のところへ返された後には、現実とのギャップがあまりにも大きくて日常生活が出来なくなったかもしれません。

でも子ロバがキリストと一体になって歩んだその道が持つ象徴的な意味を考えますと、そのようになる可能性は低いと思います。キリストが自らの体をもって平和を実現し、救いを成就するために歩まれたエルサレム入城の道は、単純な道でありませんでした。その道は、当時の世の中の価値観や宗教的な決まりによって区別されているあらゆる二元論、例えば聖と俗、光と闇、生と死、愛と憎しみ、美しさと醜さ、賢さと愚かさ、強さと弱さなど相反する要素を統合し、そのような区別や差別によって悩まされているあらゆる存在を救いへと招くための道だったのです。それゆえ、人々の歓迎に魅了されてしまうよりは、むしろ命をかけなくてはならない魂の絶壁を歩むような険しい道だったと思います。

そのような道を、子ロバはキリストを自分の背中に乗せて歩みました。汚れ、未熟さ、低さ、鈍さなどいろいろな限界を持っている存在であるにもかかわらずキリストに召されて用いられたので、子ロバは周りにいるだれよりキリストの気持ちが分かったと思います。キリストを背中に乗せて移動することによって自然に呼吸とリズムがキリストと同調し、体温までも共有する状態であるがゆえに、子ロバはだれよりキリストのことが感じ取れたはずです。それこそ召されたものだけがいただける恵みですが、そのお陰で子ロバも救いの恩恵に与るようになり、キリストに用いられた後からは存在の有様自体がすっかり変わるようになったのではないかと推察いたします。

禅寺には十牛図という悟りにいたる段階を十枚の図と詩で表したものがあります。真の自己が牛の姿で表されているため十牛図と言い、真の自己を求める自己は少年の姿で表されています。内容は、少年は真の自己として牛を探し求めて旅に出て、紆余曲折の末に牛に出会い悟りを得て元のところに戻ってくるという流れになっています。少年の姿は真の自己についての悟りを得る前と後に変わりはないけれど、少年の中身は完全に違うものとして変わったわけですが、キリストに召されてキリストの道のために用いられた子ロバのこともそれに例えられると思います。聖ロバではないけれども、ある意味で悟ったロバへと深化し、元のところへ戻った後の日常生活も以前と違うようになったのではないか、つまり働くときにも休むときにも大事にしていたキリストとの記憶を思い出しながら、１日１日聖化された日常を送るようになったのではないか、ということです。

このように想像力を膨らませてキリストに用いられた後の子ロバのことを推察してみましたが、これは私たちキリスト者にも全く同様に当てはまる事柄でもあります。信仰の初恋と表現されることもありますが、キリストに出会った後、日常生活や生き方が変わったという話は珍しくありません。いわゆる回心の経験によって人の在り方に変化が訪れること、例えば何ごとにしても感謝し、苦しいときにも希望を持ち、ささやかな日常に喜び、絶えず祈る（テサロニケの信徒への手紙Ｉ 5：16-18 参考）ようになるということです。いかがでしょうか、私たちにもそのような信仰体験があるのではないでしょうか。なぜそのようになるのかと言いますと、それはキリストとの出会いを通して物事に対する見方が変わるからです。つまり、世界や物事が変わったのではなく、キリストの恵みによってその世界や物事を見る目が変わり、受け止める認識が変わり、さらには反応としての生き方や表し方までもが変わるようになる、ということです。

そのことを少し違う言葉で表現しますと、世にあるすべての中から神様のことを見出し、神様と交わりながら生きるようになる、というふうに言うこともできます。つまり、物事は以前と変わらないけれども、キリスト者はその中から神様の心を発見し、それを生きる糧とするので感謝・喜び・希望などの恵みに与るようになるわけです。エフェソの信徒への手紙4章に「すべてのものの父である神は唯一であって、すべてのものの上にあり、すべてのものを通して働き、すべてのものの内におられます」（4：6）とありますように、神様はご自身が創造されたすべての中に、それがものであろうとも出来事であろうとも、それらの本質としておられます。それゆえ、私たちの心の目と魂の目が開かれているのであれば、いつどこでも神様に出会えます。

中世を体表する女性霊性家のノリッジのジュリアン（Julian of Norwich, 1342?-1413?）が、「神様は、ご自身が私たちと共にいることを、私たちが信じてくれることを望んでおられる。神様は、3つのパターンを通して、私たちと共におられる。1つ目は、天の国で私たちと共におられる。2つ目は、この世の中、繰り返される小さくてつまらない日常の瞬間の中で私たちと共におられる。そして3つ目は、私たちの深い内面、つまり魂の中で私たちと共におられる。神様はいつも私たちと共におられ私たちを守り導いてくださる」と語ったように、私たちはあらゆることを通して神様に出会えますし、神様も私たちがご自身のことを発見し交わってくれることを願っておられるのです。

私たちには、天地創造以来、ありとあらゆることを通して神様に出会える道が開かれているのですが、より具体的には以下のようなことが挙げられます。神様は言葉として私たちと共におられるということが語られたヨハネ福音書1章の「始めに言葉があった。言葉は神と共にあった。言葉は神であった。」(ヨハネ1:1)という御言葉を借りて考えてみますと、まず1つ目、書かれた御言葉である聖書を通して、2つ目、受肉された御言葉であるキリストを通して、3つ目、創造された御言葉である可視的な世界、ことに自然の中で、4つ目、潜在されている御言葉として夢や無意識などの非可視的な世界を通して、5つ目は、私たちを生かすために分け与えられた神様の命としての聖餐と食べ物という御言葉を通してなど、私たちはいつ何処にでも日常の様々な場面において神様に出会えます。

このように日常の中で神様に出会い神様と交わりながら生きることは、数えきれないほどに多く聖書の御言葉や信仰の先輩たちの証しによって推奨されています。そしてキリスト者にとってはごく当たり前のそのように生きることを古くから教会は神秘主義という言葉で表現することもありました。神秘主義と言われると意外だと思うかもしれませんが、本来神秘主義とは世間で認識されているオカルト（occult）や占いのようなこととは違って、物事に秘められた本質にたどり着くための思想や行いのことを指します。キリスト教においては、まさに物事の本質としておられる神様に出会い神様と交わることに他なりません。そしてそのための行いのことを伝統的に教会は、祈り・黙想・観想などの言葉で表現してきました。黙想や観想などは、広く祈りという言葉でまとめて考えてもいいと思いますが、祈りとは特別な何かであるよりは、神様を求め、出会い、交わるという一連の信仰の在り方だと言えます。

そういった意味でユダヤ教の神学者エイブラハム・ヘッセル（Abraham Joshua Heschel, 1907-1972）が「祈りには、いかなる方策や方法があるのではない。特別な技術より、生活の全てのことを通して祈ることを訓練していかなくてはならない。生きること自体が祈りである」と語ったことは意義深いです。黙想や観想などを含めて祈りとは、単純に神様と共に生きること、日常を共にすることだと言えましょう。

《黙想》

自分の日常について振り返り、黙想するひと時を持ちたいと思います。まず、目を閉じて、背筋をまっすぐにして、ゆっくり呼吸をしながら心身の状態を整えましょう。そして自分の日常はどのようになっているのかを省察するために、今日の朝から今の時刻に至るまでの歩みについて振り返ってみましょう。

聖霊の助けと導きを求めながら以下のようなことを思い起こしましょう。朝起きた瞬間から今までどのようなことがあったでしょうか、だれに会って何をしたのでしょうか、特別な出来事はあったでしょうか。こうすればよかったと後悔することはあるでしょうか、ささやかながら心に残っている喜ばしいことはあるでしょうか。また1日の流れの中、神様との出会いと交わりはあったでしょうか、何かまただれかを通して神様のことが見いだせたでしょうか、もしくはそのような余裕も意識もなかったのでしょうか、意図的に神様からの目線やアプローチを回避したことはないのでしょうか。

最後に、「生きること自体が祈りである」というエイブラハム・ヘッセルの話に沿って、自分の日常生活と今日の1日は祈りだったのかどうかについて考えながら、神様に赦しを求め、また感謝を捧げましょう。

統合の道

7つ目、キリストによって召されたロバは、統合の道を示してくれました。ローマカトリック教会の司祭であり古生物学者で地質学者でもあったティヤール・ド・シャルダン（Teilhard de Chardin, 1881-1955）は「地上で純粋性と祈りより力のあるものはない」という言葉を持って人の心と祈りという神秘的な次元の値打ちについて語りました。祈ることの大事さは言うまでもないことですが、ことに私たち教会がキリストの平和を実現するためにはなくてはならないことです。子ロバがキリストに召されて用いられたのは、平和のためだけではなく日常のためでもありましたが、実はその平和と日常というのは切り離すことができない事柄です。まるで縦と横の両軸が合わさって成り立つ十字架のように、両者は一つに統合されなくてはなりません。キリストがそうであったように、キリストの救いの御業のために召された以上、平和だけでも日常だけでもなく、私たちの中で両者は互いに支え合い補い合うようにならなくてはならないのです。

十字架のことを取り上げて少し考えを深めてみたいと思います。よく十字架の縦軸とは神様との交わりのことを、横軸とは世の中との交わりのことを象徴すると解釈されます。これを子ロバがキリストによって召され用いられた平和と日常に当ててみますと、縦軸は日常のことを象徴し横軸は平和のことを象徴すると言えます。つまり、縦軸とは日常生活の中で祈りを通して神様と出会い交わる、いわゆる神秘主義者としての役目のことを、横軸とは神様との交わりを通して頂いた御心をキリストの平和を実現するために世の中に向けて伝える、いわゆる預言者としての役目のことを意味すると考えられます。そのように十字架は、キリストに召されている今日の子ロバである私たちキリスト者には、日常の中で祈る人としての神秘主義者の役目と平和を実現する人としての預言者の役目があり、2つのうち1つでも疎かにすることは出来ない、むしろ互いに支え合わなくてはならないということを示しているのです。

ギリシャ神話には竪琴の名人として動物や樹木までも魅了するほど美しい音を奏でたオルフェウス（Orpheus）の物語があります。そこには海を航海する船員たちを歌声で誘惑し殺害する魔女セイレーン（Seirēn）との対決の逸話があります。船員たちはセイレーンの魅力的な歌声を聞くと自分も知らないうちに海に身を投げてしまいました。それゆえ、オルフェウスが一緒に船に乗り、歌合戦をして魔女セイレーンの誘惑する歌声を打ち破ったため、無事に海峡を渡ることができたという物語です。魅力的な声で人々を誘惑するセイレーンは、今の時代にもあります。あらゆる方面から声をかけてくるセイレーンから命を守るためには、耳障りのいい魅力的な声ではなく命に満ち溢れている声、つまり神様の声に耳を傾けなくてはなりません。真理と偽りを区別するのが難しくなっているため、なおさら預言者として生きることが教会の内外を問わず境界を超えて求められている今の状況だからこそ、神様と交わり御言葉に聴くという神秘主義者としての役目により忠実であることが求められます。

冒頭で分かち合いましたように私たちは汚れ、未熟さ、低さ、鈍さという限界があるにもかかわらず今日の子ロバとして召されました。子ロバの召命をいただいた私たちには、絶えず御心を求める神秘主義者といただいた御心を述べ伝える預言者としての役目が与えられています。つまり、私たちひとりひとりには、神様に聴くものとして神秘主義者と世に語るものとして預言者という2つの役目が与えられているわけです。キリストに用いられた私たちは、切り離すことの出来ない両者の役目を果たしながら、子ロバのようにキリストと共に救いを成就するための十字架の道を歩みます。それこそキリスト者のアイデンティティ、宿命なのです。それゆえ、どちらか1つの部分だけ、つまり日夜、祈りだけをしている神秘主義者としての役目だけでも、また神様と交わることを想定しない預言者としての役目だけでも、決して十字架を完成することは出来ません。預言者としての役目を果たすためには、まず深い祈りを通して御心を求めなくてはなりません。また神秘主義者として神様の心を頂いたとすれば、そのときは預言者になって恐れずに世に向けて述べ伝えなくてはなりません。これこそがキリスト者に与えられている役目であり、自分を通して十字架を完成する統合の道なのです。今日の子ロバとしてキリストと共に十字架の統合の道を歩むことを宿命としている私たち、ことに神様からいただいた召命を識別するために御心を求めている皆さんひとりひとりの上に、神様の導きと祝福がありますように祈ります。

《黙想》

私たちがどのような召命をいただいたとしても、すべて神様を通して、神様によって、神様と共に具現していくものです。自分の力だけで成し得るものは1つもありません。聖霊の助けと導きをいただきながら、神様と二人三脚で歩んでいくことだと言えます。これからは自分がいただいた召命についてではなく、その召命をいただいている自分自身のことについて省察するひと時を用いたいと思います。

マザー・テレサが神様の手に握られている小さな鉛筆というあだ名で呼ばれたいと願ったという話をしました（17頁）が、最後に鉛筆に因んだ話を1ついたします。小説『星の巡礼』や『アルケミスト・夢を旅した少年』などを書いた作家パウロ・コエーリョ（Paulo Coelho）が、2006年に発表した『流れる川のように（Like the flowing river）』と

子ロバの召命

いう散文集の中で語った、鉛筆が持っている5つの特徴がベースになったものです。鉛筆のような人になれますと人生に調和がとれるのことでしたが、これは宗教や職業を超えてだれにでも当てはまる英知に富む教えではないかと思います。神様の手に握られている小さな鉛筆だとも言える自分のことを省察し、また神様の助けと導きを求めましょう。まず5つの項目を全部読んだ後、1つの項目ずつ読んで、しばらく沈黙を保ちながら黙想しましょう。

1つ目に、何かを書くものとして鉛筆は、いつか大きなことを成し遂げるために用いることもあります。ところが、鉛筆の存在意味は鉛筆自身ではなくて書き手にあります。書き手がなければ鉛筆は用いられないからです。私たちは、その手の存在を神様と呼んでいますが、その方は、いつもご自身の御心の通りに私たちを導かれます。

2つ目に、鉛筆は時折に書くのを止めて自分の身を削らなければなりません。丸くて短くなった芯の部分を削ることは痛々しいことです。それでも苦しみや悲しみを耐え忍ぶ方法を学ばなければなりません。

するとより正確で綺麗に書き続けるようになります。

３つ目に、鉛筆には失敗などを消せるように消しゴムがついていることを忘れてはなりません。書くところがあると消すところもあるということです。誤りを正すのは決して恥ずかしいことではありません。むしろ、私たちが正しい主の道を歩くように導いてくれるでしょう。

４つ目に、鉛筆において最も重要の部分は、外の木ではなくその中に入っている芯です。それゆえ、いつも自分の心の中心からの声に耳を傾けねばなりません。つまり、祈りと黙想の生活が求められます。

最後の５つ目に、鉛筆はいつも働いて痕跡を残すということを心に止めておく必要があります。私たちが行うすべてのことも、やはり痕跡を残します。私たちは自分が何をしているのか、ということをいつも意識しながら生きていかなければなりません。

あとがき

私は日本聖公会東京教区に属している司祭として働いており、本書はいくつかの黙想会で話したものがもとになっています。幸いにも関心を持って聴いてくださり、黙想を深める材料として活かしてくださった方々が多かったようで、このような形で出版されることに至りました。出版化に向けて尽力くださった、よはく舎の小林えみさんを始め、黙想会を通して恵みを分かち合い、意見を述べて頂いた方々に感謝の意を表します。

至らぬものでありながらも、恵まれたことに「子ロバの召命」というタイトルで黙想会を4回も案内する機会が与えられました。1回目は2021年12月の聖職按手式（聖公会で聖職者を叙任する儀式）の前日に行われるリトリートです。リトリートとは、キリスト教において古くからあった営みとして、生活や仕事から退いて神と交わりながら内省するひと時のことです。殆どの聖公会は聖職按手式の前に教区の全教役者のためにリトリートを行う習慣があります。按手される当事者だけではなく、新しく誕生する聖職者を共同体に迎える教役者団のためでもあります。按手される者には聖職として呼ばれている自分の召命を最終的に固めるため、既存の聖職者たちにはすでに頂いた召命を再確認するための識別のひと時だと言えます。２回目はルーテル学院大学の神学生のためのリトリート（２０２２年11月）、３回目（２０２３年５月）と４回目（２０２３年９月）は、東京教区聖職養成委員会が主催した召命黙想会のときであって、１回目の内容を多く補って行いました。召命黙想会とは、聖職のことに関心を持ったり聖職を志したりする人々に、キリスト者として生きること、ことに聖職になって神様と人々に仕えることとはどういうことなのかについて案内しながら識別を手伝うためのひと時です。

本書の冒頭にも記したとおり、聖職を志して準備する人々や既に聖職者になっている人々のため設けられた黙想会のために、私はイエス・キリストが救いの御業を成就するためにエルサレムに入城する場面（ルカによる福音書１９章28―38節）、ことにその際に特別に召された子ロバのことを取り上げ、それに見立てて参加者それぞれが自分のことを省察することができるように案内しました。

黙想会の案内役を務めるためには、まず自分自身がみ言葉に留まりながら黙想を深めることが求められます。黙想の方法はキリスト教の伝統の中にいろいろ伝承されていますが、私が主に取り上げたのはレクティオ・ディヴィナ(Lectio Divina)と呼ばれる古くからの営みです。日本語で「聖なる読書」「神的読書」と訳せるレクティオ・ディヴィナは、聖書を読むことが聖なる行いであるという表現ですが、それは聖書を聖霊とともに読み、聖霊の助けによってみ心へと導かれるからです。

そのようにレクティオ・ディヴィナは、単に聖書を読むことだけに止まるのではなく、聖霊の導きによってそれに連なる黙想・祈り・観想のことも含めての表現です。つまり聖書に記されている文字の表面的な意味のみならず、一言一句に重みをかけながらゆっくりかつ繰り返し読み「読書(lectio)」、その中に記憶に残った部分を心の中に収め口ずさみ、また静かに思いを巡らしながらみ声に耳を傾け「黙想(meditatio)」、またその過程の中で与えられたことについて神に応答し「祈祷(oratio)」、さらに神の臨在を感じその中に留まる「観想(contemplatio)」という一連の流れを持つ霊的な営みです。つまり、聖書に書かれた言葉を通して、受肉されたみ言葉であるキリストと交わり、さらに神のみ前にまで導かれるという恵みに与るようにもなります。

今の時代、聖書研究や聖書勉強会という言葉が当たり前のことのように使われていますが、実はそれらの言葉はキリスト教の中でまだ歴史の若いものです。本来聖書は分析したりながら研究する書物であるよりは、「天上の食べ物、キリストの体と血（聖ヒエローニュムスによる言葉）」をいただくために、「キリストのみ声（聖アンブロシウスによる言葉）」を聴くために読む書物であります。そのようにレクティオ・ディヴィナには、聖書を尊いものでありながらも近いものとして用いた初代教会からの精神が現われているます。そういった意味でレクティオ・ディヴィナは、自分が聖書を読むというよりは、むしろ聖書によって自分が読まれ、自己存在の殻が砕かれながら神へと導かれるための霊的な営みだとも言えます。

本書は、黙想を案内するためのお話の部分と、黙想の実践の部分に構成されています。私がレクティオ・ディヴィナを通して黙想と祈りを深め、その過程で得たものをまとめて黙想会の参加者のために伝えました。またそれに準じて参加者それぞれの召命の確認を案内するため黙想の実践を提案しています。この本を読まれる方には、本を開くと同時にご自分だけの黙想会に参加されるという気持ちで、読み進みながら黙想するひと時を持たれることを願います。

先に述べたように本書は、主に聖職を志して準備している人々や既に聖職者になっている人々を意識して書かれていますが、決してそのような方々だけが対象になっているのではありません。広くキリスト教につらなるすべての方々、または宗教を超える霊性を求め、またあらゆる状況において神と人々に仕えながら生きたいという思いを持つ方々に、お読みいただくことができるのなら、これ以上の喜びはありません。人は皆、だれであれ命に携わる生き方に召されている（calling, vocation）からです。

成 成鍾

（そん・そんじょん　Seong Sungjong　성 성종）

1966年、韓国ソウル生まれ。メソジスト神学大学卒業。アメリカ、シャレーム霊性形成センター（Shalem Institute for Spiritual Formation）霊的指導者プログラム終了。聖公会大学校大学院博士課程終了。霊性神学専攻。日本聖公会沖縄教区、聖公会神学院でチャプレン兼スピリチュアル・ディレクターを経て、現在聖公会東京教区の司祭。著書『聖なる想像――共同体が共に行う霊性修練』（図書出版ウンソン社。ソウル、2002年）

nyx diffusion line003
子ロバの召命　弱さのための黙想
vocation of the colt

2023年10月1日　第1刷発行
著者　成 成鍾
発行者　よはく舎
発行所　東京都府中市片町2-21-9

Printed in Japan　ISBN　978-4-910327-12-9

表紙装画　佐野裕一
編　　集　小林えみ